AF462859

DAPHNIS
ET
ALCIMADURE,
PASTORALE
LANGUEDOCIENNE,

Représentée devant le ROY, à Fontainebleau, les 29 Octobre, 4 Novembre 1754.

ET POUR LA PREMIERE FOIS

PAR L'ACADÉMIE ROYALE

DE MUSIQUE,

Le Dimanche 29 Décembre de la même année.

PRIX XXX SOLS.

AUX DÉPENS DE L'ACADÉMIE.

A PARIS, Chez la V. DELORMEL & FILS, Imprimeur de ladite Académie, rue du Foin, à l'Image Ste. Geneviéve.

On trouvera des Livres de Paroles à la Salle de l'Opéra.

M. DCC. LIV.

AVEC APPROBATION ET PRIVILEGE DU ROY.

Les Paroles & la Musique sont de M. MONDONVILLE, *Maître de Musique de la Chapelle du Roy.*

Les Paroles & la Musique sont de M. MONDONVILLE, *Maître de Musique de la Chapelle du Roy.*

SUJET DU PROLOGUE.

LES JEUX FLORAUX de Toulouse furent institués en l'honneur de la DÉESSE FLORE. Les quatre Prix de Poësie qu'on y donne tous les ans, ont été fondés par CLEMENCE ISAURE, Dame aussi distinguée par sa naissance que par son esprit. La distribution s'en fait le premier & le trois de Mai ; & cette cérémonie rassemble, durant ces trois jours, à Toulouse, un concours nombreux d'Étrangers, qui s'y rendent en foule des Provinces voisines. Ce ne sont alors que Danses & Sérénades continuelles par toute la Ville. On a cru pouvoir choisir un moment si agréable pour l'idée d'un Prologue, dont l'objet est d'annoncer l'Ouvrage qu'on va représenter, & de préparer le Spectateur au langage du pays.

ACTEURS CHANTANS

Dans les Chœurs.

CÔTE' DU ROI.		CÔTE' DE LA REINE.	
Mesdemoiselles.	*Messieurs.*	*Mesdemoiselles.*	*Messieurs.*
Larcher.	Lefebvre.	Rollet.	S. Dartin.
Cazeau.	Le Page, C.	Daliere.	Gratin.
LeTourneur	Marotte.	Masson.	Le Mesle.
			Pinart.
La Croix.	Levesque.	Gondré.	Albert.
Sallaville.	Le Roy.	Héry.	Chapotin.
	Selle.	Adelaïde.	Favier.
Gaultier.	Roze.	Lachanterie	Feret.
De S.Hilaire	Robin.	Dauger.	Du Perrier.
Edmée.			Lombard.
	Antheaume	Beyssac.	Laurent.
Vanhoff.	Parent.	Dubois, c.	Louatron.

ACTEURS
DU PROLOGUE.

ISAURE, Mlle. JAQUET.

JARDINIERS, JARDINIERES.

PEUPLES.

NOBLES.

La Scene est à Toulouse.

PERSONNAGES D'ANSANS.

JARDINIERS ET JARDINIERES.

Mlle LYONNOIS.

Mlle REIX. Mlle VICTOIRE.

Mrs Strupty, Lochery, Dupré f. Henry.

Mlles Mopin, Morel, Chomar, Himblot.

PEUPLES.

Mrs Lépy, Lelievre, Feuillade, Dubois.

Mlles Chevrier, Marquiſe, Coupée, Grenier.

LES NOBLES.

Mrs LYONNOIS, LAVAL.

Mlles PUVIGNÉE, LANY.

LES JEUX FLORAUX,

PROLOGUE.

Le Théâtre repréſente le Jardin de CLÉMENCE ISAURE, & ſon Palais dans le fond.

SCENE PREMIERE.

ISAURE, ſa Suite, *JARDINIERS ET JARDINIERES.*

ON DANSE.

ISAURE.

DANS ce ſéjour riant & fortuné,
Phœbus, Flore & l'Amour ont fixé leur Empire;
On y voit de leurs mains le Printems couronné,
Les cœurs ſont adoucis par l'air qu'on y reſpire.

ISAURE ET LE CHŒUR.

On n'y craint point les rigueurs des hivers,
On n'y craint point l'inconstance des Belles,
Nos arbres y sont toujours verds,
Et nos Amans toujours fidelles.

On danse.

ISAURE.

Pour que l'Amour soit durable & charmant,
Il faut au sentiment
Joindre le badinage;
Et qu'un fidelle amant
Ait l'enjouement
D'un cœur volage.

SCENE II.

ISAURE, ſa Suite, *JARDINIERS, JARDINIERES, PEUPLES,*

ON DANSE.

ISAURE.

ICI ſans art & ſans détour,
L'eſprit tient tout du cœur, & ſçait ſe faire entendre.
Sans chercher à briller, il eſt naïf & tendre,
Le Dieu des Vers n'eſt que le Dieu d'Amour.

ISAURE ET LE CHŒUR.

Nous ne cherchons point d'autre gloire
Que le plaiſir de bien aimer.

On a quand on le ſent, le don de l'exprimer,
Et de le faire croire.

Ah! Qu'il eſt doux de bien aimer,
Nous ne cherchons point d'autre gloire.

On danſe.

SCENE III.

ISAURE, sa Suite, *JARDINIERS, JARDINIERES, PEUPLES, NOBLES.*

ON DANSE.

ISAURE.

PEUPLES, il faut dans ce beau jour
D'un siécle si chéri transmetre la mémoire ;
Et je veux que des prix couronnent la victoire
De ceux qui sçauront mieux chanter le tendre Amour.

Pendant le Chœur, les Nobles vont chercher les prix des Jeux Floraux qui sont au nombre de quatre; sçavoir, *l'EGLANTINE*, *le SOUCI*, *la VIOLETTE & l'ŒILLET.*

CHŒUR.

Que ta gloire vole & s'étende ;
Sonnés Trompettes qu'on entende
Le nom D'*ISAURE éclater dans nos Jeux,*
Qu'il triomphe à jamais, & qu'il regne en ces lieux.

On danse.

ISAURE.

Pour consacrer nos Jeux par un heureux augure,
Dans notre langage enchanteur
Intéressons l'Amour. Traçons par quel bonheur

Daphnis ſçut attendrir la fiere Alcimadure ;
De leur ſimplicité la naïve peinture
Eſt l'image de notre cœur.

CHŒUR.

Que ta gloire vole & s'étende ;
Sonnés Trompettes qu'on entende
Le nom D'ISAURE *éclater dans nos Jeux,*
Qu'il triomphe à jamais, & qu'il regne en ces lieux.

FIN DU PROLOGUE.

AVERTISSEMENT.

ON ſçait en général quelle fut l'origine & quels ont été les progrès de l'ancienne Langue Provençale. Formée dans nos Provinces Méridionales, des débris de la Langue Romaine, elle y fleurit en peu de tems, & c'eſt de là que dès le neuviéme & le dixiéme ſiécle, elle s'étoit répandue dans pluſieurs Cours de l'Europe. Cette célébrité qui la fit accueillir par tout où l'on ſe picquoit alors de politeſſe, elle la dût à ſes Poëtes & ſurtout à l'uſage qu'ils firent de la Rime dont ils ont été les Inventeurs. Notre Langue Toulouſaine eſt à quelques changemens près la même que cet ancien Provençal. On y trouve avec le même génie & les mêmes tours, cette douceur & cette naïveté tendre qui ſe prête ſi bien à l'expréſſion du ſentiment. Je l'ai crue par ces raiſons favorable à la Muſique, & c'eſt dans cette vûe que j'oſe en offrir un eſſai dont le zéle m'a fait concevoir l'idée & pour lequel je demande de l'indulgence en faveur du motif.

Pour entendre plus facilement les Paroles Languedociennes, il faut :

1°. Terminer en *e*, ou en *er*, la plûpart des mots terminés en *a*, ou en *at*. Par exemple : *libertat*, traduisez, liberté. *Dansa*, danser, &c.

2°. Il faut changer dans plusieurs mots les *b* en *v* consonne : par exemple : *Bous*, traduisez, vous. *Bilatge* : village. *Bibo* : vive, *&c.*

3°. L'*o* doit se changer en *é* muet. *Noubélo* : lisez, nouvelle. *Péno* : peine, *&c.*

4°. Terminer en *ée*, les mots terminés en *ado*. *Armado*, armée. *Determinado*, déterminée, *&c.*

Le mot de *Peccayre*, est un terme de sentiment qu'on ne sçauroit exprimer en François. Il en est de même de plusieurs autres termes Languedociens.

On trouvera audessus de chaque vers, la traduction des mots les plus difficiles.

ACTEURS
DE LA PASTORALE.

DAPHNIS,	Mr Jéliote.
ALCIMADURE,	Mlle Fel.
JEANET, *Frere d'Alcimadure*,	Mr de la Tour.

BERGERS.

BERGERES.

PASTRES.

CHASSEURS.

CHASSERESSES.

MARINIERS.

MARINIERES.

La Scene est dans un Hameau, aux environs de Toulouse.

PERSONNAGES DANSANS.

PREMIER ACTE.

BERGERS, BERGERES.

Mlle. PUVIGNÉE.

Mr. GALLINI, Mlle. CHEVRIER.

Mrs. Hamoche, Beat, Lochery, Dupré F.
Mlles. Courcelles, Raiſme, Maupin, Chomar.

PASTRES.

Mr. LANY, Mlle. LYONNOIS.

Mrs. Feuillade, Leliévre, Deſplaces, Dubois.
Mlles. Coupée, Himblot, Marquiſe, Grainier.

Mr. BEAT, Mlle. RAIX.

SECOND ACTE.

CHASSEURS, CHASSERESSES.

Mr. LYONNOIS, Mlle. LYONNOIS.

Mrs. Leliévre, Feuillade, Dubois, Dupré P., Hyacinte, Deſplaces.

Mlles Marquiſe, Ponchon, Chevrier, Himblot, Coupée, Sauvage.

TROISIÉME ACTE.

BERGERS, BERGERES.

Les mêmes du Premier Acte.

MATELOTS.

Pas de Deux.

Mr. LANY, Mlle. LANY.

Mrs. Feuillade, Dubois, Lelievre, Hyacinte, Lépy, Gallini.

Mlles. Coupée, Marquiſe, Himblot, Chevrier.

DAPHNIS
É
ALCIMADURO,

PASTOURALO LANGUEDOCIÉNO.

ACTE PRUMIÉ.

Lou Théâtre représento lou hamél d'Alcimaduro entourat d'albres.

SÇÉNO I.

DAPHNIS.

AIR.

pauvre Daphnis ferai- je
HÉLAS ! Pauret, que faréy jou !
blessé le Dieu d'amour.
Tant m'a blassat lou Diu d'amou.
Depuis l'œil
Despéy que l'él d'Alcimaduro,
dans mon cœur amoureux
A dedins moun cor amourous

A

allumé brasiers
Alucat milo fougayrous ,
je souffre peine plus dure
Souffri la péno la pu duro.

Hélas ! Pauret , que faréy jou ?
Tant m'a blaſſat lou Diu d'amou.

pour finir
Per fini ma triſtéſſo ,
petit Dieu d'amour , viens dans ce lieu
Diu nenet , ben dedins aqueſte loc ;
ton prête moi le feu
De toun éſprit préſto me tout lou foc ;
pour bien parler
Per pla parla de ma tendréſſo.

mais je vois arriver le Soleil mes yeux
Més yéu bézi béni lou Soulél de mous éls ,
qu'elle est belle que j'ai raiſon porter chaîne
Qu'és bélo , qu'éy raſou de pourta ſa cadéno;
pour ſçavoir ce qu'ici
Per ſabé ço qu'ayci l'améno ,
Allons l'épier deſſous ces rameaux
Anennoun l'éſpia déjouts aquéls raméls.

Daphnis cachat.

SÇÉNO II.

ALCIMADURO.

AIR.

petits oiſeaux *du*
GAZOUILLATS auzeléts à l'oumbro dél fuillatge,

ſiſtez *mon* *cœur* *eſt* *enchanté*
Quand bous fiulats moun cor és encantat.

J'entends *bien* *dans*
Entendi bé, que dins boſtre lengatge,
Bous celebrats la libertat.

Elle *eſt* *le* *plaiſir* *vie*
El' és lou plazé de ma bido,

je *chante*
Car, yéu la canti coumo bous;

auſſi *elle* *crie*
Tabé ſan céss'élo me crido,

qu'elle *ſeule* *peut* *heureux*
Qu'élo ſoulo pot rendr'hurous.

Gazouillats auzeléts, &c.

SÇÉNO III.

DAPHNIS, ALCIMADURO.

ALCIMADURO.

jeune
BOUN-JOUR joüiné Daphnis.

DAPHNIS.

Bergere
Boun-jour bélo Pastouro.

ALCIMADURO.

venez bien matin dans cette demeure
Bous benéts pla mayti dins aquesto demouro ?

DAPHNIS.

Je ne dors plus
Hélas ! Nou dormi pus.

ALCIMADURO.

pauvre enfant quel malheur
Péccayre, qual mal'hou !

peut causer langueur
E' qui pot bous causa parćillo languissou ?

DAPHNIS.

L'Amour.

ALCIMADURO.

Comment fait telle peine
Coussi, l'Amour fa talo péno ?

DAPHNIS.

AIR.

petit trait plus pointu alêne
D'un pichot trét pus pounchut qu'un' alzéno,
le petit Dieu avec fléche d'or
Lou Diu nenet ambé sa biro d'or,
le donné pour étrenne
Lou jour de l'an m'a dounat per éstréno,
plus coups au travers du cœur
May de cent cops tout al traber d'al cor,
je suis surpris je ne suis mort
Que soüi surprés, coumo yéu nou soüi mor !

je n'en puis plus depuis qu'au moment fatal
N'oun podi pus, despéy qu'à la mal'houro,
j'ai ce
Ey rencountrat aquél malin enfan.
il n'avoit pour jeune Bergere
N'abio per Cour qu'uno joüino Pastouro,
plus belle que lui, qui folâtrant
Pu bélo qu'él, que tout en fadéjan,
il me tiroit lui [illegible] main
Quand me tirabo, li tenio la man.

D'un pichot trét, &c.

ALCIMADURO.

je vous plains si
Bous plagni de souffrir un tan cruél martiro.

DAPHNIS.

ne sçait combien cœur
Ma Paſtouro ſap pas, coumben moun cor ſouspiro.

ALCIMADURO.

Il faut oublier ſi vous voulez
Bous la cal oublida, ſe bouléts éstr'hurous.

DAPHNIS.

Cela
Aco n'és pas pouſſible.
Peut
Pot-on éstr'inſenſible ?
Le Ciel Soleil en a deux
Lou Cél n'a qu'un Soulél, ma Paſtouro n'a dous.

ALCIMADURO.

Elle eſt bien jolie
El' és dounc pla poulido ?

DAPHNIS

voir ravie
De la béyr'un moumen, on a l'amo rabido.

ALCIMADURO.

Quel eſt cet ſi beau, ſi précieux
Qual és aquél oubjét, tan bél, tan précious ?

DAPHNIS.

le voulez ſçavoir
Bous lou bouléts ſabé ?

ALCIMADURO.

Dites,
Digats, digats.

DAPHNIS.

C'eſt vous
Es bous.

ALCIMADURO.

Vous vous moquez ; je ne ſuis
Bous trufats , yéu nou ſoüi pas bélo.

DAPHNIS.

êtes beauté , le plus
Bous ſiats de la béutat , lou pu parfét moudélo.

A i r.

ne veut pour
L'amour nou bol per tout charma
l'œil
Que l'él d'Alcimaduro.
par
Tout ſemblo per bous s'anima
Dans
Dins touto la naturo.
ſavez ſi bien
Bous ſabéts tan ben emflama ,
pourquoi ne ſavez-vous aimer
Perqué nou ſabéts pas ayma ?

ALCIMADURO.

A i r.

Le Dieu
Lou Diu de la tendréſſo
Eſt Dieu rigoureux
Es un Diu rigourous.

Toujours dans
Toutjoun dins la triſtéſſo
plongent ſes douceurs
Nous plounjoun ſas douçous.
Bous penſats à meſtréſſo,
Gardez vos moutons.
Gardats boſtres moutous.

DAPHNIS.

Ah ! Que moun ſort és mal'hurous !

ALCIMADURO.

Allez conter
Anats counta flourét'à qualqu'autro Paſtouro.

DAPHNIS.

heure
Ah ! Bous me coundamnats à mourir à tout'houro.
ne plus
Bous nou bouléts pus m'éscouta ?

ALCIMADURO.

encor une fois moi en repos.
Encar'un cop, layſſats m'éſta.

DAPHNIS.

les Bergers
Lous Paſtouréls de moun bilatge,
pour m'ont promis
Per bous m'an proumés de danſa ;
pour premier
Souffréts que per prumier houmatge,
cherche à
Daphnis cerqu'à bous amuſa.

ALCIMADURO.

ALCIMADURO.

pour cela je le veux bien.
O per aco lou boli pla.

DAPHNIS.

Ils sont au prochain
Elis soun al prouchen boucatge ;

Qu'avec plaisir je vais les chercher.
Qu'ambé plazé bau lous cerqua.

SÇÉNO IV.

ALCIMADURO, JEANET.

ALCIMADURO.

De cet je me serois bien
D'AQUÉL amour me sario pla passado....

JEANET.

Je te trouve
Te trobi tout'embarassado,

petite sœur peut
Souréto, qui pot t'alarma ?

ALCIMADURO.

Vous voyez bien
Bous me bezéts pla couroussado,

s'avise m'aimer.
Daphnis s'abiso de m'ayma.

JEANET.

Daphnis ?

ALCIMADURO.

rien n'eſt plus
Rés n'és pu beritable.

JEANET.

AIR.

Ce Berger eſt
Aquél Paſtour és ritche, aymable,
doux comme miel, pourquoi le
Dous coumo mél, perqué lou rebuta ?

ALCIMADURO.

voulés donc qu'il vienne
Bous bouléts dounc que m'en bengo counta?

JEANET.

AIR.

je ne veux
Nou boli que boſtr'abantatge,
comme celui-là devroit agréer
Un partit coum'aquél debrio bous agrada.
quoique jeunette vous êtes
Ben que joüinéto, ſiats d'un atge,
peut bien marier
Où l'on pot pla ſe marida.

ALCIMADURO.

AIR.

le plaiſir vie
L'ou plazé de la bido,

c'eſt gayté,
Aco's la gayétat,
marie
E' quand on ſe marido,
On perd ſa libertat.

JEANET.

petite ſœur, n'es raiſonnable
Souréto, tu n'ou ſiés pas ſatge,
pour toi
Per tu Daphnis és un tréſor.

ALCIMADURO.

AIR.

je ne veux mon cœur
Nou boli pas douna moun cor
peut devenir volage
A qui pot debeni boulatge.
ſon ſort
Qui ſe countento de ſoun ſor,
ne rien
Nou deſiro rés dabantatge.

JEANET.

s'il t'aimoit
S'él t'aymabo ſincéromen ?

ALCIMADURO.

je ſerois ſurpriſe
Sario ſurpréz'aſſuromen.

JEANET.

éprouve le
Esproubo lou.

ALCIMADURO.

Je ne suis assez
Yéu nou soüi pas prou fino,
Rien
Rés n'és troumpur coumo la mino;
Je n'ose
Nou gauzi pas.

JEANET.

AIR.

tu seras la maison
Quand saras à l'oustal,
viendra roder dans commune
Daphnis bendra rouda dins nostre coumunal.
si je le trouve seul va, va, moi
Se lou trobi soulét, bay, bay, laysso me fayre,
J'éprouverai bien ton amant
Esproubaréy pla toun fringayre.

On entend un Préludo.

Qu'elle est cette
Qual'és aquél'aubado?

ALCIMADURO.

c'est qui vient
Aco's Daphnis que ben.
Il ne connoît
El nou bous counéy pas.

JEANET.

Je me sauve bien vîte
Me salbi bitomen.

SÇÉNO V.

DAPHNIS, ALCIMADURO, PASTOUS, PASTOUROS, PASTRES.

DAPHNIS,

pour plaire
PER playr'à ma bélo Paſtouro,
venés mes
Benéts mous jantis coumpagnous;
ici fait demeure
L'amour ayci ſa ſa demouro,
Danſats, ſautats, trémouſſats bous.

On danſo.

CHOR.

comme la lumiere
Coumo lou lum de la naturo
force d'éclore mille fleurs
Forço d'ésclore milo flous,
de même les yeux
Tabé lous éls d'Alcimaduro
forcent cœurs
Forçoun lous cors d'éſtr'amourous.

On danſo.

DAPHNIS.

AIR.

voit belle
Qui béy la bél'Alcimaduro
voit le plus beau
Béy l'aſtre lou pu bél,

pour
Per charma touto la naturo,
il ne lui faut coup d'œil
Nou li cal qu'un cop d'él.
pour cette Venus nouvelle
Per aquélo Bénus noubélo,
on voit les enfantins
On béy lous amours enfantéts,
voltiger elle
Boultija ſan céss'aprés élo
comme une de petits oyseaux.
Coum'uno troupo d'auzeléts.
Qui béy, *&c.* *Entrado de Paſtres.*

DAPHNIS.

AIR.

voyez le jeune ormeau pour les fleurettes
Bezéts l'ourmél per las flourétos
agiter ſes jeunes rameaux
Boulega ſous joüinés ramels.
écoutez des petits oyſeaux
Escoutats das pichots auzéls
les chanſonnettes
Las amouroufos canſounétos.
pour le petit Dieu
Per tout charma lou Diu nenet
tire ſans ſon arc
Tiro ſan céſſo de l'arquét
il n'oublie rien dans
N'oublido rés dins la naturo
le cœur
Hormis lou cor d'Alcimaduro. *On danſo.*

DAPHNIS.

AIR.

jolie Bergere
Poulido Paſtourélo,
petite perle des amours
Perléto das amous;
De la Roſo noubélo,
vous effacez les couleurs
Esfaçats las coulous;
pourquoi êtes ſi
Perqué ſiéts bous tan bélo?
& moi ſi
E'yéu tan amourous!
Poulido Paſtourélo,
Perléto das amous;
quoique vous me ſoyez
Ben que me ſiats cruélo,
je n'aimerai
Yéu n'aymaréy que bous.

On danſo.

DAPHNIS É LOU CHOR.

au Dieu rien ne peut réſiſter
Al Diu d'amour, rés nou pot reſiſta....

ALCIMADURO.

Bous celebrats trop la tendréſſo,
pourquoi ſi ſouvent chanter
Perqué tan ſouben la canta?

DAPHNIS.

chante maîtreſſe
Quand on la cant' à ſa meſtréſſo,
ne peut repeter
On nou pot trop la repeta.

AIR.

ne cherche vous plaire
Daphnis nou cerquo qu'à bous playre,
c'eſt ſon
Aco's tout ſoun countentomen,
vous ne trouverez jamais d'amant
Nou troubaréts jamay fringayre,
qui vous aime plus
Que bous ayme pu tendromen.

ALCIMADURO.

il faut que j'aille trouver mon frere
M'en cal ana trouba moun frayre,
excuſez mon
Excuſats moun empréſſomen. *Élo ſort.*

DAPHNIS.

elle va comme éclair
Élo s'en ba coum'un ésclayre,
viens finir mon tourment.
Amour, ben fini moun tourmen.

Fin dél prumier Acte.

ACTE

ACTE SEGOUN.

Lou Théâtre répresento lous entours dél hamél D'*ACILMADURO*; *das oustals d'un coustat, das albres de l'autre; é dins lou foun un bosc.*

SÇÉNO I.

JEANET *deguisat*, TROUPO *de* CASSAYRES.

JEANET É LOU CHOR.

PER trioumpha dél loup salbatge
Que desolo nostre cantou,
Amics, anen, prengan couratge,
Fazen brilla nostro balou.

JEANET.

pour sûr
Per éstresegur de l'abatre,
cherchez
Cerquats dabor à l'entoura.
il ne faudra le
Quand nou caldra que lou coumbatre,
Un de bous aus m'abertira.

SÇÉNO II.

JEANET.

pour
PER Daphnis, l'habit de miliço
est nouveau
Es un déguisomen noubél;
je veux lui bon office
Boli li rendr'un boun ouficço
si son est bien
Se soun amour és pla fidél.

mais il d'ici
Més, aprocho d'ayci.

dans le tems arrive
Dins lou tens que Daphnis aribo, Jeanet se met à léscar.

SÇÉNO III.

DAPHNIS, JEANET *à l'éſcar.*

DAPHNIS.

AIR.

dans ce lieu
HÉLAS! qui me raméno
Dedins aqueſté loc?
je n'y viens chercher des peines
Nou béni que cerqua de péno,
ſans pouvoir calmer mon feu.
Senſé poudé calma moun ſoc.

JEANET.

pourquoi ès ſeul ici devant
Perqué ſios tu ſoulét ayci deban ma porto?

DAPHNIS.

Monſieur je ne ſçais
Mouſſu... nou ſabi pas.

JEANET.

pour parler
Per parla de la ſorto,
ſçais je ſuis?
Sabés tu qui jou ſoüi?

DAPHNIS.

pourquoi menacer
Perqué me menaça?

je ne dis rien qui puisse offenser
Yéu nou bous disi rés que bous posc' oufença.

JEANET.

vous faites bien n'est pas
Bous fazéts pla, car Jeanet n'és pa tendre.

DAPHNIS.

plûtôt
Puléu que de bous courouça,

je vais partir sans plus
M'en bau parti san pus atendre.

JEANET.

non non cela doux
Noun pas, noun pas, aco me sera dous,

de sçavoir ce qui
De sabé çò que bous améno.

DAPHNIS.

AIR.

vous voyez qui porte une chaîne
Bezéts un Pastourél que port'uno cadéno

qui le fera
Que lou fara mourir.

JEANET.

êtes
Ah, bous siéts amourous?

s'il vous plaît, parlez?
E' dequi se bous play, parlats?

DAPHNIS.

d'une
D'uno cruélo,

Vénus trouveroit
Que Bénus troubario trop bélo.

accablé rigueurs
Acablat de milo rigous,

je ne puis vivre pour elle
Nou podi biure que per élo.

JEANET.

peut est
On pot quand on és mal'hurous
Se diſpenſa d'éſtre fidélo.

AIR

allez, venez, promenez vous
Anats, benéts, paſſejats bous,

parcourez colines montagnes
Arpentats coulinos, mountagnos,

pour être encore plus heureux
Per éſtr'encaro pus hurous

faites
Fazéts trés ou quatre campagnos.

DAPHNIS.

quoi cela
A que tout aco ſerbira ?

par ſuivra
Per tout l'amour me ſéguira.

JEANET.

n'avez-vous jamais vû
N'abéts jamay biſt de bataillos ?

De baſtions, ni de muraillos ?
D'houzars, de ſiétge, de canou ?
De boumbos, de carcaſſos ?

DAPHNIS.

non
Nou.

AIR.

les clairons les
Ni lous clarins, ni las troumpétos,
ne nos hameaux
Nou troubloun pas noſtrés haméls ;
n'eſt par nos
L'écho n'és rebéillat que per noſtros muzétos,
le des oyſeaux
E' lou ramatge das auzéls.
les yeux ſeuls des Bergeres
Lous éls ſouls de las Paſtourétos,
bleſſent le cœur des Bergers
Blaſſoun lou cor das Paſtouréls.

JEANET.

AIR.

rien n'eſt ſi beau ſi qu'une armée
Rés n'és tan bél, ni tan grand qu'un'armado
par elle eſt
Quand per Louis és coumandado.
les
D'abor, on enten lous tambours

cui font
Que fan brüit à bous rendre ſours.
En s'aprouchan, pif, paf, on ſe chamaillo,
va
On y ba d'éſtoc é de taillo,
allons
Anen couratge coumpagnous,
droit
A drét, à gauche, deban bous.
le ſabre main va dans
Lou ſabr'en ma, l'on ba dins la bagaro,
au du
Tout al trabers dél tintamaro,
entend le
On entén rounfla lou canou,
Poun, poun, coumo la baſſo countinuo.
épouvanté telle valeur
L'enemic éſpaurit d'uno talo balou,
ne cherche fuir
Nou cerquo qu'à fugir, atrapo, tuo, tuo.
crie tout eſt fait
On crid'après que és féy
vive le Roi
Bibo lou Réy, bibo lou Réy.
Rés n'és tan bél, *&c.*

DAPHNIS.

peut
Mouſſu, pot on bous demanda,
par quelle
Coumen, è per qual' abenturo,
vous habitez le
Habitats lou pays ?

JEANET.

je viens marier
Beni me marida.

DAPHNIS.

prenez ici
Qui prenéts bous ayci ?

JEANET.

belle
La bél'Alcimaduro.

DAPHNIS à part.

Alcimadur' o ſort trop rigourous !

JEANET.

on m'a apris avoit les yeux doux
M'an aprèz qu'un Bergé li fazio lous éls dous ;
mon ame ſeroit ravie
Que moun amo ſario rabido,
pouvoir le trouver
De poudé lou trouba.

DAPHNIS.

vous le voyez
Lou bezéts deban bous.
plûtôt vie
Daphnis perdra puléu la bido,
céder il eſt
Que de céda l'oubjét dont él és amourous.

JEANET.

je ne puis
Nou podi reteni ma ratge
Aprés un tan cruél outratge.
Renounc'à toun amour ſé tu bos me calma,
Ou ta mort...

DAPHNIS.

je veux
Frapo me, boli toutjoun l'ayma.

SÇÉNO

SÇÉNO IV.

DAPHNIS, JEANET, ALCIMADURO.

ALCIMADURO dins la coulisso.

au
AL secours, al secours....

JEANET.

peur
Qualqu'un de poou s'ésplouro.

ALCIMADURO.

sauver
Qui poura me salba ?

DAPHNIS.

qu'avez- belle
Qu'abets bélo Pastouro ?

ALCIMADURO.

qui veut dévorer
Un gros loup enrajat que me bol déboura.
voyez
Bezéts ?

DAPHNIS.

ne craignez rien par
Nou crengats rés, per Daphnis périra.

Daphnis pren la picquo de Jeanet, è Jeanet se retiro.

D

ALCIMADURO.

faites
Que fazéts bous ? ô couratg' intrépido !
il va
El ba mouri.

Alcimaduro toumbo ésbanoüido.

DAPHNIS aprés abé doumptat lou loup.

Lou Cél m'a préſtat ſoun ſecours.

SÇÉNO V.

DAPHNIS, ALCIMADURO *ésbanoüido.*

DAPHNIS.

AIR.

du n'êtes plus ſuivie
D'AL loup cruél, bous nou ſiés pus ſeguido,
revoyez mes
Rebezéts la clartat, oubjet de mous amours.
c'eſt qui donneroit vie
Aco's Daphnis, que dounario ſa bido,
pour ſauver ſi beaux
Per ſalba de tan belis jours.

ALCIMADURO.

AIR.

pour le prix
Per lou préts de mà délibrénço,

ne puis- je aimer
Que nou podi jou bous ayma ;
Mais ſi mon cœur ne peut
Més ſe moun cor nou pot pas s'enflama,
toujours
Aura toutjoun de la recounéiſſenço.

DAPHNIS.

vous ne pouvez quel
Nou poudéts pas m'ayma ? Qual déplourable ſort!

ALCIMADURO.

je plains
Plagni boſtro ſouffrénço.

DAPHNIS.

pour vivre ainſi ſans
Per biur'atal ſens' éſperenço,
il faut plutôt
Cal puléu deſira la mort.

ALCIMADURO.

ne cherchez
Nou la deſiréts pas. . . cerquats l'indifferénço,
pour trouver il ne faut
Per la trouba, nou cal pas grand éfort.

SÇÉNO VI.

DAPHNIS, ALCIMADURO, JEANET, CASSAYRES.

JEANET.

où est ce
OUN t'es aquél monstre terrible?
amis ici, il m'est échapé
Amics, ayci m'és éscapat.

ALCIMADURO.

Daphnis à qui tout és poussible,
La coumbatut, é la doumptat.

JEANET.

il est
Coumo Jeanet, él és dounc inbéncible?

ALCIMADURO É JEANET.

célébrez tous valeur
Celebrats toutis sa balou,
chantez si
Cantats un tan brabe Pastou.

CHOR.

célébrons tous
Celebren toutis sa balou,
chantons si
Canten un tan brabe Pastou.

On danso.

ALCIMADURO.

AIR.

les plaiſirs dans le
Lous plazés dins lou bilatge,
vont tous
Ban toutis recoumença;
du
A l'oumbréto dél fuillatge,
les Bergers viendront
Lous Paſtous bendran danſa.
ſeul par
Daphnis ſoul per ſoun couratge,
ſi doux
Nous procur'un ſort tan dous.
il
El merito noſtr' houmatge,
c'eſt lui qui
Es él que nous rend hurous.

On danſo.

ALCIMADURO.

AIR.

qui faites le plaiſir vie
Bous que fazéts lou plazé de ma bido;
petits agneaux ne craignez plus du
Agnéls, nou çréngats pus dal loup la cruautat.

allez *sans* *peur* *fleurie*
Anats boundi san poou sur l'hérbéto flourido,
moi vous devez
A Daphnis coumò jou debéts la libertat.

Lous Cassayres ban coupà qualquos brancos d'albres, per fayre uno Guirlando à Daphnis.

JEANET É LOU CHOR.

AIR.

le *par*
Lou méchan loup per soun rabatge
Trop lountens nous a fayt trambla;
prévenu
Daphnis a prébengut sa ratge,
seul *il en a* *sçu*
Soulét n'a saput trioumpha.
du *pied* *main*
Frapén dal pé baten la ma,
il *est* *le petit Hercule* *du*
El és l'Hérculét dél bilatge;
frapons *du* *pied* *main*
Frapén dal pé, baten la ma,
pourroit *ne* *le*
Qui pourio nou lou pas ayma.

SEGOUN COUPLÉT.

AIR.

pour *faire*
Per fayr'un ritche mariatge,

Daphnis n'aura qu'à desira ;

si il se
Se jamay se met en menatge ,

heureuse celle qui
Hurous' aquélo que l'aura.
Frapén dal pé , baten la ma ,
El és l'Hérculét dél bilatge ;
Frapén dal pé , baten la ma ,
Qui pourio nou lou pas ayma.

On danso

JEANET.

allons rien
Anen san que rés nous reténo ,

au Seigneur du lieu
Presenta Daphnis al Ségnou.

DAPHNIS.

c'est
Aco's bous douna trop de péno ,

je ne d'honneur
Nou meriti pas tan d'aunou.

JEANET.

tous les regards
Bous meritats regardaduro ,

le
De tout lou bilatg' assemblat.

DAPHNIS.

d'avoir sauvé
D'abé salbat Alcimaduro ,

ne suis je
Nou soüi jou pas récoumpensat ?

ALCIMADURO.

vous ne pouvez plus
Nou poudéts pus bous en défendre,
allez partez
Anats, partéts, brabe Pastou.
le prix valeur
Tandis que recebréts lou préts de la balou,
mes je vais
A mas coumpagnos bau aprendre,
ce avez pour moi
Çô que bous abéts fayt per jou.

DAPHNIS.

Alcimaduro me l'ourdouno,
ce qui lui plaît Roi vaut
Fayre çô que li play, d'un Réy bal la Courouno.

Fin dél segoun Acto.

ACTE,

ACTE TROISIÉME.

Lou Theâtre répréſento uno Plaço entourado d'albres, é uno Ribiéro dins lou foun.

SÇÉNO I.

ALCIMADURO.

AIR.

laiſſe moi
LAYSSO mé moun indiferenço,

moi en repos
Cruél amour, layſſo m'éſta.

je te veux faire
Quand te boli fa reſiſtenço,

pourquoi moi
Perqué countro jou t'irrita ?

cœur qui veut
Un cor que te bol éſcouta

peine
N'éſproubo que pén' é ſouffrénço.

moi
Layſſo me moun indiferenço,

moi en repos
Cruél Amour, layſſo m'eſta.

SÇÉNO II.

JEANET, ALCIMADURO.

JEANET.

petite sœur
SOURÉTO, à quand toun mariatge?
je meurs d'envie
Mori d'embéjo d'y danſa.

ALCIMADURO.

cela
Tout aco n'és qu'un badinatge,
cherchez
Bous cerquats à bous amuſa,

JEANET.

veut dire cette
Que bol dir' aquélo boutado?
ne peux
De l'amour de Daphnis tu nou podés douta
ce je t'ai pourquoi
Après çô que t'éy dit, perqué dounc héſita?

ALCIMADURO.

voyez
Bous me bezéts determinado,
ne plus vouloir
A nou pus boulé l'éſcouta.

JEANET.

AIR.

quel
Ah ma fouréto, qual doumatge,

fi
De perdr'un tan brabe Paftou.

fçais quel eft fon
Tu fabés qual és foun couratge ?

fçais quel eft fon
Tu fabés qual és foun amou ?

il t'adore fans
Quand t'adoro fenfe partatge,

contre lui rigueur
Tu t'armes countr'él de rigou.
Ah ma, &c.

ALCIMADURO.

eft Dieu
L'Amour és un Diu trop terrible.

JEANET.

cherches
Tu cerquos trop à l'irrita.

ALCIMADURO.

fi jamais il rend cœur
Se jamay rend moun cor fenfible,

[illegible]
Ma rafou faura refifta.

JEANET.

je vois *adieu*
Bézi Daphnis, adiu souréto,
je
Yéu te couséilli de l'ayma.

ALCIMADURO.

ne *laissez* *seule*
Ah! nou me laysséts pas souléto.

JEANET.

raison *rien* *ne* *peut*
La rasoute sufits, rés nou pot t'alarma.
Él sort.

ALCIMADURO.

pourquoi *aller*
Jeanet, perqué bous en ana.

SÇENO III.

DAPHNIS, ALCIMADURO.

DAPHNIS.

demeurez *belle*
AH! demourats bél'inhuméno.

ALCIMADURO.

va *je veux suivre* *ses*
Jeanet s'en ba, boli ségui sous pas.

DAPHNIS.

ſuivez *eſt*
Bous ſeguiſſéts Jeanet ? ah ma mort és certéno,

c'eſt
Aco's l'arrét de moun trépas.

ALCIMADURO.

vous avez *tête* *troublée*
Abéts la téſt' embalauzido.

Daphnis y penſats bous ?

peut *revenir* *de cette*
Que bous pot rebeni d'aquélo fantezido ?

DAPHNIS.

mon *moins*
Moun ſort ſera mens mal'hurous.

AIR.

paye *le* *qu'il* *doit*
Qui pago lou tribut qu'él déu à la naturo,

ne
Nou ſouffro pas un grand tourmen.

aimer
Més ayma ſan retour la bél' Alcimaduro,

c'eſt
Aco's mourir à tout momen.

ALCIMADURO à part

j'enrage *qu'il* *ſoit* *ſi*
Enratji qu'él ſio tan fidélo.

DAPHNIS.

vouloir
Hélas ! ſan boulé m'éſcouta,
ne ſongez
Bous nou ſounjats qu'à me quita ;
adieu
Adiu Paſtouro trop cruélo.

ALCIMADURO.

venez ici
Daphnis, benéts ayci.
veut dire cette
Que bol dir' aquélo febléſſo ?
ne plus
Bous nou m'aymats dounc pus ?

DAPHNIS.

comment
Couſſi,
Bous m'accuſats de manqua de tendréſſo ?

A I R.

pour prouver mon cœur eſt
Per bous prouba que moun cor és à bous,
je vous ai
Bous éy fayt don de tout moun paſturatge,
mon mon chien
De moun troupél, é de moun gous,
Et ce que j'ai pour
E' tout çô qu'éy per héritatge.

Mon pere
Moun payr' après ma mort...

ALCIMADURO.

dites vous Dieu
Que dizéts bous grand Diu ?

DAPHNIS.

ce qui eſt à moi
Bous dounara tout çô qu'és miu.

ALCIMADURO à part.

mon ame eſt agitée
Ah que moun am' és agitado,

A Daphnis.

je n'y tiens plus vivez
N'i téni pus. Bibéts, trop génerous Paſtou,

vivez pourquoi m'avez vous quittée
Bibéts... Jeanet, perqué m'abéts quitado?

DAPHNIS.

qu'entens-je
Jeanet, qu'entendi jou !
Bous cerquats moun ribal per coumbla moun mal'hou ?

pour pour peine
Per me deſeſpera, per augmenta ma péno,

ſans pitié vous voyez
Senſe piétat, bezéts moun déplourable ſort.

ALCIMADURO.

Daphnis....

DAPHNIS.

c'en est adieu
Aco n'és trop, adiuciats inhuméno,
ne veut plus
Daphnis, nou bol pus que la mort.

Él sort.

ALCIMADURO.

ne
Bous nou m'entendéts pas ?

SÇÉNO IV.

ALCIMADURO.

le
LOU cruél m'abandouno !
Il fuit, il va faire devenir
El fugits, él s'en ba, que fa ? Que débéni ?
ne peut le retenir
Alcimadur' hélas ! nou pot lou réténi !
est cœur
Moun ésprit és troublat, é tout moun cor frissouno.
frere où êtes vous arrivez
Moun frayr' oun te siats bous ? Aribats proumptomen,
Alcimaduro bous apélo.
que ce
Qu'aquél retardomen
douleur
A ma doulou cruélo
Ajouto de tourmen.

SÇÉNO

SÇÉNO V.

ALCIMADURO, JEANET.

ALCIMADURO.

dépêchez *peut-être*
AH ! Jeanet déſpechats, béléu Daphnis trépaſſo,
allez *de lui*
Anats, couréts prés d'él...

JEANET.

O ſecours ſuperflus.

ALCIMADURO.

ne
Bous nou m'éſcoutats pas ? bous demourats en plaço ?
Ah ! Que bous m'alarmats ?

JEANET.

plus
Hélas ! Daphnis n'és pus.

ALCIMADURO.

plus *Dieux*
Daphnis n'és pus grand Dius ! Ah ! tout moun ſang
ſe glaço

ALCIMADURO.

AIR.

pour
Daphnis, moun chér Daphnis, per termina toun ſort,
quelle rage
Qualo ratjo te guido ?
rigueur
Ma rigou te douno la mort,
ne peut vie
É moun amour nou pot te redouna la bido.

JEANET.

toi ſœur
Calmo te ma ſouréto.

ALCIMADURO.

comment
Eh couſſi me calma?
je ſuis déſeſperée
Yéu ſoüi deſéſperado ;

JEANET.

c'eſt
Aco's trop t'anima,
tes
Tous regréts ſoun perduts.

ALCIMADURO.

au frere
Al noun de Diu moun frayre,
allons trouver je veux le voir
Anen trouba Daphnis, boli lou béyr' encor.

JEANET.

de lui veux
Tu n'y pensos dounc pas, prés d'él que bos tu fayre ?

ALCIMADURO.

poignard je veux cœur
De soun coutél, boli perça moun cor.

JEANET.

Dieux
Grand Diu !

ALCIMADURO.

pour
Per fini moun martiro,
je suis qui
Ségui la ratjo que m'inspiro.

SÇÉNO VI.

DAPHNIS, ALCIMADURO, JEANET.

ALCIMADURO.

AH ! Daphnis n'és pas mort.

DAPHNIS.

mes
Pastouro mas amours ;

ALCIMADURO.

quel
Qual Diu bous rend à ma tendrésso ?

DAPHNIS.

prêté
Jeanet m'a préſtat ſoun ſecours.

ALCIMADURO à Jeanet.

m'avez trompée
Ah ! Bous m'abéts troumpado.

JEANET.

oublie
Oublido ta tiſtréſſo,
pour éprouver cœur j'ai voulu
Per éſprouba toun cor, éy boulgut t'alarma.
pardonne
Perdouno ma finéſſo.

ALCIMADURO à Daphnis.

j'ai fait voir
E'y fayt trop béyre ma febléſſo,
pour vouloir
Per la boulé diſſimula.

DAPHNIS.

Ah ! Ma félicitat, paſſo moun éſperenço,
m'aimez daignez le
Paſtouro, bous m'aymats, dégnats lou répeta.

ALCIMADURO.

je ne puis plus
Yéu nou podi pus réſiſta,
A tant d'amour, é de counſtenço.

DAPHNIS É ALCIMADURO.

DUO.

je n'aurai loisir
N'auréy jamay trop de lezé
pour
Per celebra ta bienbéillenço,
quelle
Amour, ah ! qualo récoumpenso,
cœur nage dans le plaisir
Moun cor natjo dins lou plazé.

JEANET.

ici sous
Jantis Pastoureléts, ayci, jouts la berduro,
venez tous chanter
Benéts toutis canta l'amour d'Alcimaduro.

SÇÉNO VII.

DAPHNIS, ALCIMADURO, JEANET, PASTOUS, PASTOUROS, *é péy* MARINIÉS *é* MARINIÉROS.

On danse.

ALCIMADURO.

AIR.

veut
QUAND l'amour bol nous emflama,
qu'il sçait bien il faut
Que sap pla coumo cal s'y prendre;

il est si fin pour
Es tan finét per nous surprendre,
folâtrant il sçait
Qu'en fadejan sap nous charma.
contre lui
Que sert countr'él de se defendre ?
contre lui
Que sert countr'él de s'anima ?
il ne faut
Nou cal qu'un moumen per ayma,
il ne faut
Nou cal qu'un moumen per se rendre.

On danso.

DAPHNIS É LOU CHOR.

Le petit Dieu d'amour est enjoleur
Lou Diu nenet és un embelinayre ;
qui que ce soit ne peut
Dégus nou pot s'en garanti.
le trait qu'il veut faire
Lou trét qu'él bol nous fa senti
main éclair
Part de sa ma comm'un ésclayre.

On danso.

FIN.

APPROBATION.

J'Ai lû par ordre de Monseigneur le Chancelier *Daphnis & Alcimadure*, *Pastorale Languedocienne*. A Versailles, le premier Décembre 1754., DEMONCRIF.

www.ingramcontent.com/pod-product-compliance
Ingram Content Group UK Ltd.
Pitfield, Milton Keynes, MK11 3LW, UK
UKHW021001180726
13838UKWH00003B/1414

9 782329 397986